La Presentación en Ventas B2B

Una presentación no es solo una exposición de información, es una oportunidad para conectar, persuadir y generar confianza. Más que un simple discurso, una presentación exitosa se convierte en un arte que te permite tejer una narrativa convincente, dominar el lenguaje del cuerpo y las emociones, y crear una experiencia memorable que impulse a la acción.

Información legal

Título del libro: La Presentación en Ventas B2B

Derecho de Autor: Todos los derechos reservados. La reproducción de este libro en versión e-Book, o papel está prohibido terminantemente sin el consentimiento expreso por escrito del autor, incluyendo total o parcial en cualquier forma o manera.

Autor: Dionisio Melo

Editorial: Publicación Independiente

Año: 2024

ISBN: 9798332426964

La Presentación en Ventas B2B

Contenido
Introducción Pág. 6

Capítulo 1   Pág. 9
Preparar el Terreno: Claves para una Presentación

Capítulo 2   Pág. 11
Conociendo a tu audiencia

Capítulo 3   Pág. 13
El "Por qué" Detrás de tu Presentación: Un Objetivo Claro para un Éxito Convincente

Capítulo 4   Pág. 16
Estructura y Contenido: Guiando a tu Audiencia hacia la Captura de la Atención

Capítulo 5   Pág. 19
Cuerpo Conciso y Persuasivo

Capítulo 6   Pág. 21
Conclusión Impactante
Dejando una Huella Duradera en la Mente de tu Audiencia

La Presentación en Ventas B2B

Capítulo 7   Pág. 23
Dominando el Escenario
Tips para una Presentación Exitosa
Lenguaje Corporal y Comunicación No Verbal: Más Allá de las Palabras

Capítulo 8   Pág. 26
Comunicación Efectiva
Hablando con Pasión y Entusiasmo, Conectando con tu Audiencia

Capítulo 9   Pág. 28
Dominando las Herramientas
Recursos visuales que captan la Atención y aclarar el mensaje

Capítulo 10   Pág. 31
Manejo del Tiempo
Un Recurso Preciado que se Debe Respetar

Capítulo 11   Pág. 33

La Presentación en Ventas B2B

Tips para Capturar la Atención y Generar Interés
Conectando con las Emociones a Través de Historias y Ejemplos

Capítulo 12   Pág. 35
Incorpora Humor
Un Toque de Ligereza para una Presentación Memorable

Capítulo 13   Pág. 38
Crea Interacción
Involucra a tu Audiencia y Fomenta la Conversación

Epílogo   Pág. 40

Acerca del Autor   Pág. 41

Introducción

La Presentación en Ventas B2B

En el panorama actual de las ventas B2B, donde la información fluye rápidamente y la toma de decisiones se basa en la lógica y la meticulosidad, una presentación efectiva se ha convertido en un factor crítico para el éxito. Ya no se trata simplemente de mostrar un producto o servicio, sino de crear una experiencia memorable que cautive a la audiencia, genere interés y la impulse a tomar acción. Más que un simple discurso, una presentación B2B exitosa es un arte que se cultiva con la práctica y se perfecciona con la experiencia.

Este libro, te dará las herramientas de presentación en ventas B2B, y las estrategias y técnicas que te permitirán capturar la atención, persuadir a tu audiencia y convertirte en un auténtico maestro de la comunicación comercial.

Prepararse meticulosamente, dominar el lenguaje corporal, el lenguaje simple y el uso estratégico de recursos visuales pueden transformar una presentación ordinaria en

La Presentación en Ventas B2B

una experiencia que te impulse hacia el cierre de un trato exitoso.

Descubre cómo construir una narrativa convincente que conecte con las necesidades y aspiraciones de tus potenciales clientes, cómo utilizar el lenguaje corporal para transmitir confianza y credibilidad, y cómo manejar las herramientas digitales para crear una experiencia interactiva que deje una impresión perdurable.

Aprenderás a convertirte en un orador persuasivo que inspire a la acción, a dominar el arte de la persuasión y a convertir tus presentaciones en un motor de crecimiento para tu negocio.

Prepárate para adentrarte en el mundo de la presentación en ventas B2B, donde las palabras, las imágenes y las emociones se combinan para crear una experiencia transformadora.

La Presentación en Ventas B2B

Prepárate para aprender, inspirarte y convertirte en un maestro de la persuasión en el ámbito empresarial.

La Presentación en Ventas B2B

Capítulo 1
Preparar el Terreno: Claves para una Presentación Impactante

El secreto de una presentación B2B exitosa reside la comprensión profunda de tu audiencia. Más que un simple discurso, una presentación efectiva se convierte en una conversación personalizada, una respuesta a las necesidades y aspiraciones de tu público objetivo. Para construir esta conexión crucial, es fundamental invertir tiempo en investigar a fondo a quién te diriges.

Investiga su industria, sus necesidades, sus desafíos y sus puntos débiles. ¿Qué problemas buscan resolver? ¿Qué valor buscan en un producto o servicio? ¿Cuáles son sus principales motivaciones? ¿Qué tipo de lenguaje utilizan? ¿Qué información es relevante para ellos?

Responder a estas preguntas te permitirá crear una presentación que resuene con tu audiencia, que se conecte con sus necesidades y que les ofrezca una solución a sus problemas. Recuerda que una presentación no es un monólogo, sino una oportunidad para iniciar un diálogo que genere confianza y convencimiento.

Imagínate por un momento: ¿Te gustaría escuchar una presentación que no tiene en cuenta tus necesidades, que no se relaciona con tus desafíos o que utiliza un lenguaje que te resulta ajeno? La respuesta es clara: Nadie quiere sentir que su tiempo y atención se desperdician.

La preparación meticulosa y la comprensión profunda de tu audiencia te permitirán crear una presentación que sea relevante, atractiva y persuasiva.

Te permitirá convertirte en un interlocutor confiable que ofrece soluciones reales a los problemas que tu audiencia enfrenta. Recuerda que la clave para construir una presentación exitosa radica en conectar con tu audiencia en un nivel profundo, comprender sus necesidades y ofrecerles una solución que satisfaga sus expectativas.

Capítulo 2
Conociendo a tu audiencia

La clave del éxito radica en comprender a quién te diriges. Investiga su industria, sus necesidades, sus desafíos y sus puntos débiles. ¿Qué problemas buscan resolver? ¿Qué valor buscan en un producto o servicio? ¿Cuáles son sus principales motivaciones? ¿Qué tipo de lenguaje utilizan? ¿Qué información es relevante para ellos?

Responder a estas preguntas te permitirá crear una presentación que resuene con tu audiencia, que se conecte con sus necesidades y que les ofrezca una solución a sus problemas.

Recuerda que una presentación no es un monólogo, sino una oportunidad para iniciar un diálogo que genere confianza y convencimiento.

Imagínate por un momento, ¿Te gustaría escuchar una presentación que no tiene en cuenta tus necesidades, que no se relaciona

La Presentación en Ventas B2B

con tus desafíos o que utiliza un lenguaje que te resulta ajeno? La respuesta es clara, Nadie quiere sentir que su tiempo y atención se desperdician.

La preparación meticulosa y la comprensión profunda de tu audiencia te permitirán crear una presentación que sea relevante, atractiva y persuasiva. Te permitirá convertirte en un interlocutor confiable que ofrece soluciones reales a los problemas que tu audiencia enfrenta.

La clave para construir una presentación exitosa radica en conectar con tu audiencia en un nivel profundo, comprender sus necesidades y ofrecerles una solución que satisfaga sus expectativas.

Capítulo 3
El "Por qué" Detrás de tu Presentación: Un Objetivo Claro para un Éxito Convincente

Una presentación exitosa no surge de la improvisación, sino de una estrategia bien definida que se nutre de un objetivo claro y específico.

Antes de sumergirte en la construcción de imágenes para la presentación y la elaboración de argumentos, es fundamental reflexionar sobre el "por qué" detrás de tu presentación. ¿Qué quieres lograr con ella?

Define el objetivo de tu presentación con precisión. ¿Deseas lograr un acuerdo comercial? ¿Generar leads para futuras oportunidades de negocio? ¿Informar sobre un nuevo producto o servicio? ¿Presentar una solución innovadora a un problema específico?

Un objetivo claro te servirá como brújula, guiando tu mensaje y orientando tu estrategia. Te permitirá enfocar tu contenido, seleccionar las herramientas más apropiadas y diseñar una llamada a la acción convincente.

Imagínate por un momento: ¿Qué pasaría si intentaras construir una casa sin un plano? Es probable que el resultado sea caótico y poco funcional. De la misma manera, una presentación sin un objetivo definido se sentirá desconectada, dispersa y poco convincente.

Un objetivo claro te permite tres cosas:
Enfocar tu mensaje: Te ayuda a priorizar la información relevante y a eliminar elementos que no se alinean con tu propósito.

Seleccionar las herramientas adecuadas: Te permite elegir las herramientas visuales y narrativas que mejor se adapten a tu objetivo.

Diseñar una llamada a la acción efectiva: Te permite guiar a tu audiencia hacia la acción deseada, ya sea solicitar una cita,

La Presentación en Ventas B2B

descargar un material informativo o realizar una compra.

Una presentación con un objetivo definido es como un barco con un rumbo claro, navegando hacia el éxito con un propósito y una estrategia bien definida.

Capítulo 4
Estructura y Contenido: Guiando a tu Audiencia hacia la Captura de la Atención

Una vez que has definido el objetivo de tu presentación y comprendes a tu audiencia, es hora de dar forma a la estructura y al contenido que la harán atractiva, informativa y persuasiva.

Imagina tu presentación como un viaje, una travesía que lleva a tu audiencia desde el punto A al punto B, guiándolos a través de la información y convirtiéndolos en embajadores de tu mensaje.

Para lograr este objetivo, es fundamental estructurar tu presentación de forma lógica y atractiva, utilizando una secuencia que mantenga a la audiencia enganchada y atraída a cada paso del camino.

El mejor Inicio es captar la atención desde el primer momento. El inicio de tu presentación es crucial, es la primera impresión que tendrás en tu audiencia y la

La Presentación en Ventas B2B

que determinará si se mantienen interesados o se desconectan. Para evitar la desconexión, es fundamental capturar la atención desde el primer momento con una introducción impactante que genere curiosidad e interés.

¿Cómo lograr una introducción impactante? Aquí te presento algunas ideas:
Una pregunta provocadora: Plantea una pregunta que involucre a la audiencia y los impulse a reflexionar sobre el tema que vas a abordar.

Una estadística impactante: Comparte un dato relevante que demuestre la importancia del tema y que capte la atención de la audiencia.

Una historia personal: Comparte una anécdota relevante que conecte con la experiencia de tu audiencia y que ilustre el problema que vas a abordar.

Una cita inspiradora: Incorpora una cita relevante que refleje el mensaje central de

La Presentación en Ventas B2B

tu presentación y que genere un impacto emocional.

Un inicio poderoso no solo atrae la atención de la audiencia, sino que también establece el tono y el ritmo de tu presentación, preparando el terreno para una presentación que involucre e inspire.

Capítulo 5
Cuerpo Conciso y Persuasivo

Una vez que has capturado la atención de tu audiencia con una introducción impactante, es hora de construir el cuerpo de tu presentación, la parte central que desarrolla tu mensaje y convence a tu público. Aquí es donde la claridad, la concisión y la persuasión juegan un papel crucial. Desarrolla el tema de forma clara y concisa, utilizando ejemplos concretos y datos relevantes que sustenten tus argumentos

El cuerpo de tu presentación debe desarrollar el tema de forma clara y concisa, evitando la sobrecarga de información y manteniendo la atención de la audiencia en cada paso. Para lograr esto, es fundamental utilizar un lenguaje claro y directo, evitando la jerga técnica y las frases complejas.

La audiencia busca comprender tu mensaje y conectarlo con sus necesidades. Para hacer esto más fácil, incorpora ejemplos concretos y datos relevantes que sustenten tus argumentos. Las estadísticas, los casos

La Presentación en Ventas B2B

de éxito y las historias de clientes satisfechos pueden convertir tus ideas en realidades tangibles que resonarán con tu audiencia.

Imagina por un momento una presentación que se limita a enumerar beneficios sin ofrecer evidencia de su validez. ¿Te resultaría convincente? Probablemente no. En cambio, una presentación que presenta datos concretos, casos de éxito y ejemplos de cómo tu producto o servicio ha resuelto problemas reales, es mucho más persuasiva y convincente.

El cuerpo de tu presentación debe ser un tejido de información clara, ejemplos concretos y argumentos sólidos que convenzan a tu audiencia y los impulsen a tomar acción.

Capítulo 6
Conclusión Impactante
Dejando una Huella Duradera en la Mente de tu Audiencia

Una presentación memorable no termina con el último punto de tu discurso. La conclusión es la oportunidad de dejar una impresión duradera en la mente de tu audiencia, reforzando tu mensaje y guiándolos hacia la acción deseada.

Deja una Impresión duradera con un cierre que resuma los puntos clave, Presente una llamada a la acción clara y genere la necesidad de avanzar.

Para crear una conclusión impactante, es fundamental resumir los puntos clave de tu presentación de forma concisa y memorable. Repasa los beneficios clave de tu producto o servicio, recuerda los desafíos que tu audiencia enfrenta y reafirma cómo tu solución puede ayudarlos a superarlos.

Una vez que has reforzado tu mensaje, es el momento de presentar una llamada a la

La Presentación en Ventas B2B

acción clara y convincente. ¿Qué quieres que tu audiencia haga después de escuchar tu presentación? ¿Deseas que se contacten contigo para solicitar más información? ¿Que se registren para una demostración? ¿Que realicen una compra?

Formula una llamada a la acción concisa y clara, que indique el siguiente paso a dar y que genere la necesidad de avanzar.

Una conclusión impactante no solo deja una impresión duradera en la mente de tu audiencia, sino que también los impulsa a tomar acción. Es el punto final de tu viaje que convierte tu presentación en una experiencia memorable y productiva.

Capítulo 7
Dominando el Escenario
Tips para una Presentación Exitosa
Lenguaje Corporal y Comunicación No Verbal: Más Allá de las Palabras
Tu lenguaje corporal es un poderoso instrumento de comunicación que puede transmitir confianza, entusiasmo y credibilidad. Una postura segura, un contacto visual directo y gestos expresivos pueden hacer la diferencia entre una presentación pasiva y una que capte la atención de la audiencia.

Postura: Mantén una postura erguida y relajada, evitando la rigidez o la desgana. Una postura segura transmite confianza y seguridad en tu mensaje.

Contacto Visual: Establece contacto visual con tu audiencia, mirando a los ojos de tus oyentes. Esto crea una conexión personal y transmite autenticidad.

La Presentación en Ventas B2B

Gestos: Utiliza gestos naturales y expresivos para enfatizar tus palabras y para mantener la atención de la audiencia.

Comunicación Efectiva: Hablando con Pasión y Entusiasmo

Habla con pasión y entusiasmo sobre tu tema. Tu entusiasmo es contagioso y puede inspirar a tu audiencia. Utiliza un lenguaje claro y sencillo que sea fácil de entender y que conecte con la experiencia de tu audiencia.

Claridad: Utiliza palabras claras y concisas para expresar tu mensaje. Evita la jerga técnica y las frases complejas.

Ritmo: Varía el ritmo de tu voz para mantener la atención de la audiencia y para enfatizar los puntos clave de tu mensaje.

Dominando las Herramientas: Utilizando Recursos Visuales con Eficacia
Las herramientas visuales como diapositivas, gráficos y videos pueden mejorar significativamente tu presentación,

La Presentación en Ventas B2B

haciéndola más atractiva e informativa. Utiliza estas herramientas con eficacia para ilustrar tus puntos y para mantener la atención de la audiencia.

Imágenes y Gráficos: Utiliza imágenes y gráficos de alta calidad que sean relevantes para tu mensaje. Evita las imágenes genéricas y las sobrecargas de información.

Videos: Incorpora videos cortos y atractivos que ilustren tu mensaje o que muestren casos de éxito.

Animaciones: Utiliza animaciones para dar vida a tus diapositivas y para mantener la atención de la audiencia.

Dominar el escenario es una combinación de comunicación verbal y no verbal, de habilidades de presentación y de conocimiento profundo de tu tema. Con práctica y dedicación, puedes convertirte en un orador convincente que capte la atención y persuada a tu audiencia.

Capítulo 8
Comunicación Efectiva
Hablando con Pasión y Entusiasmo, Conectando con tu Audiencia

Las palabras tienen poder. Pueden inspirar, persuadir, informar y conmover. En el ámbito de la presentación, la comunicación efectiva es la clave para conectar con tu audiencia y transmitir tu mensaje con claridad y convicción.

Habla con pasión y entusiasmo, utilizando un lenguaje claro y sencillo que sea fácil de entender

Tu entusiasmo es contagioso. Cuando hablas con pasión sobre tu tema, tu audiencia se ve impactada por tu energía y tu credibilidad. La pasión es un imán que atrae la atención y conecta con las emociones de tu público.

Evita la jerga técnica, las frases complejas y el lenguaje aburrido. Habla con naturalidad y fluidez, como si estuvieras conversando con un amigo.

La Presentación en Ventas B2B

La comunicación efectiva es una combinación de pasión, claridad y simplicidad. Cuando hablas con entusiasmo, utilizas un lenguaje accesible y te conectas con tu audiencia a un nivel personal, tu presentación se convierte en una presentación persuasiva.

Capítulo 9
Dominando las Herramientas
Recursos visuales que captan la Atención y aclarar el mensaje

En la actualidad, donde la atención es un bien escaso, las herramientas visuales se han convertido en un aliado fundamental para captar la atención de la audiencia y transmitir el mensaje de forma clara y convincente. Las diapositivas, los gráficos y los videos pueden convertir una presentación ordinaria en una experiencia dinámica e impactante.

Utiliza Recursos Visuales como Diapositivas, Gráficos y Videos para Ilustrar tus Puntos y mantener la atención de la audiencia.

Las diapositivas son un instrumento poderoso para presentar información de forma organizada y atractiva. Utiliza imágenes de alta calidad, gráficos informativos y un diseño limpio y atractivo para complementar tu mensaje y mantener la atención de la audiencia.

La Presentación en Ventas B2B

Los gráficos son ideales para presentar datos de forma visualmente atractiva y fácil de comprender. Utiliza gráficos de barras, líneas, pastel o mapas para ilustrar tendencias, comparaciones y relaciones entre datos.

Los videos pueden dar vida a tu presentación, añadiendo un elemento dinámico y atractivo. Utiliza videos cortos y concisos para mostrar casos de éxito, demostraciones de productos o animaciones que ilustren tu mensaje.

Evita la sobrecarga de Información y el exceso de texto en las diapositivas.

Ten en cuenta que las diapositivas son un complemento a tu presentación, no un sustituto de ella. Evita la sobrecarga de información y el exceso de texto en las diapositivas. Utiliza un diseño limpio y atractivo que destaque los puntos clave de tu mensaje.

La Presentación en Ventas B2B

Las herramientas visuales son un aliado poderoso para captar la atención de la audiencia y transmitir tu mensaje de forma clara y convincente. Utiliza estas herramientas con eficacia y deja que las imágenes y los videos hagan el trabajo de atraer la atención y de mantener a tu audiencia enganchada.

Capítulo 10
Manejo del Tiempo
Un Recurso Preciado que se Debe Respetar

En las ventas B2B, el tiempo es un recurso preciado. Tu audiencia tiene una agenda completa y expectativas claras sobre la duración de tu presentación. Respetar el tiempo asignado es una muestra de consideración y profesionalismo que fortalece tu imagen y construye confianza en tu mensaje.

Planifica tu presentación cuidadosamente y respeta el tiempo asignado. "Antes de subir al escenario", dedica tiempo a planificar tu presentación con meticulosidad. Estima el tiempo que necesitarás para cada sección y asegúrate de que tu contenido se ajuste al tiempo establecido
y evita prolongar la presentación innecesariamente.

Una vez que comienza tu presentación, mantente dentro de los límites de tiempo que programaste. Si te desvías del plan, es

La Presentación en Ventas B2B

probable que la audiencia pierda interés y que se sienta frustrado.

El tiempo es un recurso valioso. Respetar el tiempo de tu audiencia es una muestra de profesionalismo y consideración que fortalece tu imagen y te ayuda a construir relaciones sólidas.

Capítulo 11
Tips para Capturar la Atención y Generar Interés
Conectando con las Emociones a Través de Historias y Ejemplos

Una presentación exitosa no solo transmite información, sino que también conecta con las emociones de la audiencia, haciéndola más memorable y persuasiva. Para lograr esto, es fundamental utilizar herramientas narrativas que capten la atención y generen interés.

Las historias son un poderoso instrumento para conectar con las emociones de la audiencia y para hacer que la información sea más memorable. Las historias nos permiten conectar con la experiencia humana, generar empatía y crear un vínculo emocional con la audiencia.

Utiliza historias reales que ilustren los beneficios de tu producto o servicio o que muestren cómo has resuelto los problemas de tus clientes. Las historias personales o los casos de éxito pueden ser una herramienta a utilizar para conectar con tu

La Presentación en Ventas B2B

audiencia y para hacer que tu mensaje sea más memorable.

Los ejemplos concretos también pueden ser una herramienta valiosa para capturar la atención de la audiencia y para hacer que la información sea más relevante. Utiliza ejemplos que sean fáciles de comprender y que ilustren los puntos clave de tu mensaje.

Las historias y los ejemplos pueden convertir una presentación seca y técnica en una experiencia memorable y convincente. Utiliza estas herramientas narrativas con eficacia y conecta con las emociones de tu audiencia para hacer que tu mensaje sea más poderoso y persuasivo.

Capítulo 12
Incorpora Humor
Un Toque de Ligereza para una Presentación Memorable

En el contexto de las presentaciones B2B, donde la seriedad y la formalidad a menudo predominan, un toque de humor puede ser un aliado poderoso para captar la atención de la audiencia, relajar el ambiente y hacer que tu mensaje sea más memorable.

El Humor apropiado puede hacer que la presentación sea más amena y un buen chiste o una anécdota divertida pueden despertar una sonrisa en la audiencia y crear una conexión más personal. Sin embargo, es fundamental utilizar el humor con cuidado y responsabilidad, teniendo en cuenta el contexto de la presentación y el tipo de audiencia a la que te diriges.

El humor debe ser apropiado para la ocasión, no ofensivo ni despectivo. Un buen chiste puede aliviar la tensión, hacer que la información sea más fácil de asimilar y crear un ambiente más ameno.

Ejemplos de Humor Apropiado:
Autodesprecio: Un poco de autodesprecio puede ser una buena forma de romper el hielo y de mostrar que no te tomas a ti mismo demasiado en serio.

Humor situacional: Utiliza el humor relacionado con la industria o con los desafíos que enfrenta tu audiencia.

Analogías y metáforas: Utiliza analogías y metáforas humorísticas para explicar conceptos complejos de forma más fácil de comprender.

Consejos para Incorporar el Humor:
Sé auténtico: El humor debe ser genuino y reflejar tu personalidad.

No te exageres: Un poco de humor va muy lejos. No intentes convertirte en un comediante.

Observa la reacción de tu audiencia: Si tu humor no está siendo bien recibido, cambia de estrategia.

La Presentación en Ventas B2B

El humor puede ser una más de las herramientas para conectar con tu audiencia y para hacer que tu presentación sea más memorable. Utiliza el humor con cuidado y responsabilidad y convierte tu presentación en una experiencia agradable y persuasiva.

Capítulo 13
Crea Interacción
Involucra a tu Audiencia y Fomenta la Conversación

Una presentación no es un monólogo, es una conversación. Involucrar a tu audiencia es clave para hacer que tu presentación sea más dinámica y memorable. Plantear preguntas que inviten a la participación de la audiencia fomenta la conversación y crea un ambiente más interactivo.

Las preguntas son una herramienta poderosa para capturar la atención de la audiencia, para comprobar su comprensión y para estimular el debate. Plantea preguntas abiertas que inviten a la reflexión y que permitan a los miembros de la audiencia compartir sus ideas y experiencias.

Ejemplos de Preguntas Interactivas:
"¿Qué desafíos enfrentan en su sector actualmente?"
"¿Qué opinión tienen sobre las nuevas tendencias en el mercado?"

La Presentación en Ventas B2B

"¿Qué les gustaría ver en un producto o servicio como el que les presento?"

Consejos para Plantear Preguntas Efectivas:
Mantén un tono amigable y animador.
No te concentres en las preguntas con respuestas de "sí" o "no".
Presta atención a las respuestas de la audiencia y utiliza la información para continuar la conversación.

Las preguntas son una forma poderosa de conectar con tu audiencia, de demostrar tu interés en sus opiniones y de hacer que tu presentación sea más dinámica y participativa.

La Presentación en Ventas B2B

Epílogo

En esta trayectoria por el arte de la presentación en ventas B2B, hemos explorado las estrategias y técnicas que te permitirán conectar con tu audiencia, capturar su atención, persuadirlos y convertirte en un auténtico maestro de la comunicación comercial. Hemos aprendido la importancia de la preparación meticulosa, la maestría en la narración, el dominio del lenguaje corporal, el uso estratégico de recursos visuales y la creación de una experiencia memorable que impulse a la acción.

Dominar el arte de la presentación es un proceso continuo de aprendizaje y perfeccionamiento. Practica tu técnica, busca retroalimentación de tu audiencia y no te desanimes ante los desafíos. Con dedicación y constancia, puedes convertirte en un orador persuasivo que inspira confianza y convierte sus presentaciones en un motor de éxito para su negocio.

Acerca del Autor

Dionisio Melo es reconocido en toda América Latina por su destacada carrera en ventas, donde ha desarrollado estrategias altamente efectivas para el exigente mercado de la región.

Su influencia abarca múltiples dimensiones: no solo es un orador destacado y guía experto en entrenamientos y coaching para vendedores, sino también un autor prolífico en temas de ventas, gerencia, coaching y liderazgo.

Sus libros reflejan su compromiso con la excelencia y su habilidad para enfrentar desafíos específicos en diversos sectores.

Melo llega a una audiencia amplia a través de boletines y un influyente blog compartido en numerosos sitios web especializados en negocios y ventas. Como asesor empresarial, Melo juega un papel crucial en el éxito de las empresas en el competitivo mercado latinoamericano, ofreciendo soluciones adaptadas que

La Presentación en Ventas B2B

impulsan el crecimiento y la competitividad.

Su presencia en conferencias y seminarios asegura que sus ideas y conocimientos sean accesibles para profesionales de ventas en toda la región, manteniéndolos al día con las últimas tendencias.

Dionisio Melo se destaca no solo por sus estrategias personalizadas y efectivas, sino también por su enfoque integral en el desarrollo de equipos de ventas, desde la motivación hasta la resolución de problemas, consolidando su posición como una figura influyente y respetada en América Latina.

www.ingramcontent.com/pod-product-compliance
Lightning Source LLC
Chambersburg PA
CBHW072005210526
45479CB00003B/1077